给孩子的

山海经

轩辕清风 ◎编著

中国民族文化出版社

北　京

扫码听书

前言

　　《山海经》是先秦典籍，包含了历史、神话、宗教、天文、地理、民俗、物产、医药等多种资料，也可以说是最古老的地理人文志。自古以来它就被视为一部奇书，它超越了时空的限制，记叙神奇的人物、灵异的禽兽、域内园林、海外仙山、奇珍异宝……形象地展现了一幅幅神奇的远古生活图卷。《山海经》的价值之一是它保存了大量的神话传说，除了我们熟知的"大禹治水""夸父逐日""精卫填海"以外，还有很多大家不熟悉的内容，如祭山的仪式、黄帝大战蚩尤的传说。这些传说为我们研究古代的宗教和部落之间的战争提供了珍贵的历史材料；书中记载的各种奇思妙想、世界奇观，是后世乃至于今天的文学家、艺术家获得创作灵感的宝库。一千多年前的陶渊明，就把阅读《山海经》当作一种精神享受，他说在春夏之交，静坐南窗下，"泛览《周王传》，流观《山海》图"，是人生乐事。

　　《山海经》全书18卷，约31000字。全书内容，以《五藏山经》5卷和《海外经》4卷作为一组，《海内经》4卷作为一组，而《大荒经》4卷以及书末《海内经》1卷又作为一组。每组的组织结构自具首尾，前后贯串，纲目分明。山经以山为纲，分南、西、北、东、中五个山系，以道路和方向互为经纬，有条不紊地叙述了每座山的地理位置、走向及山中树木和物产，详细记载了矿产的分布，并对其颜色、光泽、硬度等详细说明，还记载了各种动植物的形态及药用价值。在叙述河流时，说明了其发源、流向以及主要水系和支流的分布情况。该书按照地区记录事物，所记事物大部分由南开始，然后向西，再向北，最后到达大陆（九州）中部，九州四围是东海、西海、南海和北海。

古人一直把《山海经》内容当作真实的历史来看待，这本书是中国历代史家的必备参考书。但由于该书成书年代久远，很多记载无法考证，连司马迁写《史记》时也说："至《禹本纪》《山海经》所有怪物，余不敢言之也。"现代科学的发展使得我们对于远古的历史有了比古人更清晰的认识，我们知道许多动物的历史可以远溯到几万年前或是几十万年前，现代科学知识有助于我们更好地理解《山海经》。

《山海经》在很长的历史时间里是藏于深宫、王府的，在民间则成为巫师和方士珍藏的秘籍。我们现在看《山海经》完全是穿越时空游历古代知识宝库。

在空间上，从海内展现到海外；在时间上，从当世追溯到远古。题山经为"藏"，其含义是宝藏，即详述各山各水蕴藏的宝藏；而海经、荒经记载了很多上古、远方的神话传说、神奇巫术、神秘信仰，这其实也是一种宝藏，是人文历史的宝藏，在这里我们可以追寻到中华民族的文化之"根"。

这部古老而神秘的奇书不断吸引着现代学者的关注、研究，地理学家、人类学家和古代史专家用现代的观念、科学的思想和方法去深入挖掘宝藏，在地理、神话、民俗等珍贵资料之外还不断有新的发现。可以说，《山海经》是一部有很大开发、研究空间的知识宝库。

现在，《山海经》中的很多故事被纳入小学课本中，而《山海经》也被纳入小学生必读的课外读物。为了使小学生读懂这样一部反映我们祖先伟大想象力、创造力，蕴藏了巨大智慧的典籍，我们对《山海经》的原文做了系统的、全面的整理，选择最好的古代版本互相参照，并参考了袁柯、张步天等多位当代学者的研究成果，精编了本书。

本书将原文和译文互相对照排列，使小学生能够轻松愉快地读懂历来被认为深奥的《山海经》。《山海经》向来以图的奇妙闻名于世，但是现存版本中的图大多出于明清以后，刻本优劣不等，本书在古本图的基础上精心绘制了写真风格的图画，孩子们展卷阅读就能游览《山海经》无比神奇美妙的世界。

　　同时，我们对生僻字进行了注音，对难解字或典故进行了拓展注释，既为孩子扫除了阅读障碍，也提高了孩子的阅读兴趣。特别的是，我们为每个图片配了一个小档案，它可以帮助孩子更好地了解人物或者禽兽，满足孩子的好奇心。

　　我们的目的，是将佶屈聱牙的内文，变得通俗、直白，适合孩子阅读、理解，既满足学校对孩子学习的要求，又增长了孩子的知识，丰富他们的想象力。爱因斯坦说："想象力是一切的开始。"本书就是培养孩子想象力的最好读本之一。

目录

1

鲑

lù

小档案 >>>

◎鲑是一种集鱼、鸟、兽、蛇为一身的一种怪鱼。

◎形状像牛，尾巴像蛇，胁（xié）下有翅膀，叫声像犁牛。

◎肉可以治疗毒疮（chuāng）。

又东三百里，曰柢（dǐ）山，多水，无草木。有鱼焉，其状如牛，陵居，蛇尾，有翼，其羽（鸟虫的翅膀）在鲑（qū，比目鱼，这里指鱼的胁骨部位）下，其音如留牛（犁牛），其名曰鲭，冬死（冬眠）而夏生，食之无肿疾。

再向东三百里有座山，名叫柢山，柢山有很多河湖，山上没有草木。山中有一种鱼，形状像牛，生活在丘陵之上，有蛇一样的尾巴，有翅膀，长于胁下，叫声如犁牛一般，它的名字叫作鲭，冬眠夏醒，吃了它的肉，人不会再长毒疮。

猼訑

bó

yí

小档案 >>>

◎猼訑是传说中的一种怪兽。

◎形状像羊，有九条尾巴和四只耳朵，两只眼睛长在背上。

◎把它的皮披在身上，可不知畏惧。

又东三百里，曰基山，其阳（南面）多玉，其阴
（北面）多怪木。有兽焉，其状如羊，九尾四耳，其
目在背，其名曰猼訑，佩之不畏。

再向东三百里有座山，叫基山。山的南面
有许多玉石，北面长有很多怪木。山中有一种
兽，形状如羊一般，有九条尾巴、四只耳朵，
眼睛长在背上，它的名字叫猼訑，佩饰上它
的皮毛，人会无所畏惧。

鹠鹒 chǎng
fū

小档案 >>>

◎鹠鹒是传说中的一种鸟。

◎形状像鸡，有三个头、六只眼睛、六条腿、三只翅膀。

◎人吃了它的肉会精神亢奋，不想睡觉。

有鸟焉，其状如鸡而三首、六目、六足、三翼，其名曰鹠鹠，食之无卧。

（基山）中有一种鸟，形状像鸡，有三个脑袋、六只眼睛、六条腿、三只翅膀，它的名字叫作鹠鹠，人吃了它的肉，就不想睡觉了。

龙身鸟首神

小档案 >>>

◎从柜山到漆吴山十七座山的山神都是龙身鸟首神。

◎身形像龙，头部像鸟。

◎中国古代神话形象，寓意吉祥神。

凡南次二经之首，自柜山至于漆吴之山（漆吴山），凡十七山，七千二百里。其神状皆龙身而鸟首。其祠：毛用一璧瘗（yì，埋葬），糈（xǔ，精米，古代用以祭神）用稌（tú，稻子，特指糯稻）。

总计南次二经中的山，从柜山起到漆吴山止，共有十七座山，距离为七千二百里。诸山的山神都是龙身鸟首。祭祀（sì）诸山山神的仪式是：把带毛的动物和一块璧一起埋入地下，用糯米作为祭祀山神的精米。

兕

sì

小档案 >>>

◎兕是一种类似犀牛的凶猛动物。

◎形状像牛，全身青黑色，头上一只角。

◎兕为文德之兽，常见于古代青铜器与画像石图饰中，是力量与威猛的象征。

东五百里，曰祷过之山（祷过之山），其上多金玉，其下多犀、兕，多象。

向东五百里有座山，叫祷过山，山上多金和玉，山下有很多犀牛和兕，有很多大象。

瞿 qú
如

小档案 >>>

◎瞿如是传说中的一种鸟。

◎形状像鸡（jiāo），白色的脑袋，长着三只脚，人一样的脸。

◎发出的叫声像是喊自己的名字。

有鸟焉，其状如鸡而白首、三足、人面，其名曰瞿如，其鸣自号也。

山中有一种鸟，形状像鸡（古书上说的一种水鸟，样子像野鸭而小一些），长着白色的脑袋、三只脚、人一样的脸，它的名字叫瞿如，发出的声音就像在喊自己的名字。

颙 yú

小档案 >>>

◎颙是传说中的一种怪鸟。

◎形状像猫头鹰，有人一样的脸，四只眼睛，有耳朵。

◎它一出现，天下就会出现旱灾。

又东四百里，曰令丘之山（令丘山），无草木，多火。其南有谷焉，曰中谷，条风自是出。有鸟焉，其状如枭（xiāo，通"鸮"，猫头鹰一类的鸟），人面四目而有耳，其名曰颙，其鸣自号也，见则天下大旱。

再向东四百里，有座令丘山，山中不长草木，到处有火在燃烧。它的南边有一个山谷，名叫中谷，东北风从这里吹出。山中有一种鸟，形状像猫头鹰，长着人一样的脸，有四只眼睛，有耳朵，名字叫颙，它发出的声音就像在喊自己的名字，它一出现，天下就会大旱。

肥蜡

wèi

小档案 >>>

◎肥蜡是传说中的一种蛇形怪物。

◎形状像蛇，有六只脚、四只翅膀。

◎传说今华山有肥蜡穴，土人谓之老君脐。

又西六十里，曰太华之山（太华山，是华山的主峰），削成而四方，其高五千仞，其广十里，鸟兽莫居。有蛇焉，名曰肥𧑤，六足四翼，见则天下大旱。

再向西六十里有座山，名叫太华山，山势像是用刀斧劈削而成的一样，呈四方形，高五千仞（古代以八尺或七尺为一仞），范围广阔，纵横十里，连鸟兽都无法在山上栖身。山中有一种蛇，名叫肥𧑤，长着六条腿、四只翅膀，只要它一出现，天下就会发生旱灾。

橐𦸅
tuó
féi

小档案 >>>

◎橐𦸅是传说中的一种怪鸟。

◎形状像猫头鹰，长着人一样的面孔，只有一只脚独立。

◎人吃了它的肉，或者把它的羽毛佩戴在身上，可以不畏惧雷击。

有鸟焉，其状如枭，人面而一足，曰橐𢫭，冬见夏蛰（zhé），服之不畏雷。

有一种鸟，形状像猫头鹰，长着人一样的面孔，只有一只脚，它的名字叫橐𢫭，这种鸟冬天活动而夏天蛰伏（指动物潜伏起来不食不动），人吃了它的肉，可以不用害怕雷击。

鸓 lěi

小档案 >>>

◎鸓是传说中的一种鸟。

◎形状像喜鹊，身体为红黑色，有两个头、四只脚。

◎可以用来防火。

又西二百里，曰翠山，其上多棕枏（nán，楠木），其下多竹箭，其阳多黄金、玉，其阴多旄（máo，牦）牛、羚（líng）、麝（shè，也叫香獐子，外形像鹿而小）；其鸟多鸓，其状如鹊，赤黑而两首四足，可以御火。

再向西二百里有座山，名叫翠山，山上有很多棕树和楠木，山下长着许多小竹，山的北面有很多黄金和玉，南面有很多牦牛、羚羊和麝，山中的鸟多是鸓鸟，它的形状像喜鹊，身体呈现红黑色，有两个脑袋、四只脚，可以用来防火。

玃 jué 如

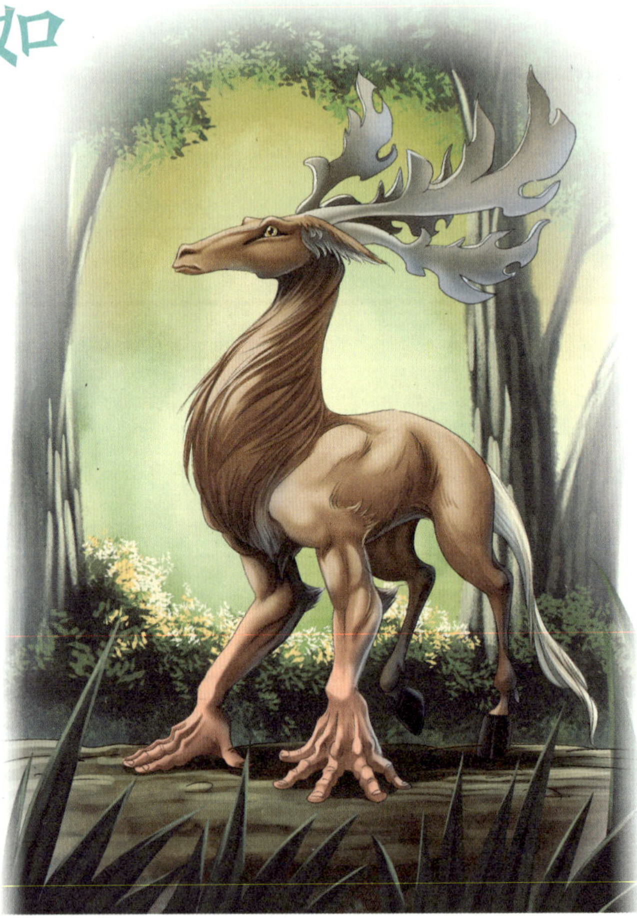

小档案 >>>

◎玃如是传说中的一种兽。

◎形状像鹿，白色的尾巴、马一样的脚、人一样的手，有四只角。

有兽焉，其状如鹿而白尾，马足人手而四角，名曰獟如。

（皋涂）山中有一种野兽，形状像鹿，长着白色的尾巴、马一样的脚、人一样的手，有四只角，它的名字叫獟如。

凫徯

fú

xī

小档案 >>>

◎凫徯是传说中的一种鸟。

◎形状像雄鸡一样，有着人一样的脸。

◎它一出现，就会有战事发生。

又西二百里，曰鹿台之山（鹿台山），其上多白玉，其下多银，其兽多㸲（zuó，野牛）牛、羬（qián，野生的大尾羊）羊、白豪。有鸟焉，其状如雄鸡而人面，名曰凫徯，其鸣自叫也，见则有兵（战事）。

再往西二百里有座山，名叫鹿台山，山上有很多白玉，山下有很多银，山中的野兽多野牛、羬羊和白色的箭猪。山中有一种鸟，它的形状同雄鸡相似，却长着人一样的脸，它的名字叫作凫徯，它叫起来像是在叫自己的名字，这种鸟一出现，就会有战事发生。

人面马身神

小档案 >>>

◎钤（qián）山到莱山共十七座山，其中有十座山的山神都是人面马身神。

◎它有着马一样的身子，人一样的脸。

凡西次二经之首，自钤山至于莱山，凡十七山，四千一百四十里。其十神者，皆人面而马身。其七神皆人面牛身，四足而一臂，操杖以行，是为飞兽之神。其祠之：毛用少牢（羊、猪二牲叫少牢；牛、羊、猪三牲为太牢），白菅（jiān，多年生草本植物，多生于山坡草地）为席。其十辈神者，其祠之：毛一雄鸡，钤而不糈，毛采（指杂色的雄鸡）。

总计西次二经中的山，从第一座山钤山起到莱山止，共有十七座，途经四千一百四十里。其中的十位山神，都是人面马身的样子。另外七位山神都是人面牛身，有四条腿、一只胳膊，挂着拐杖行走，这就是飞兽之神。祭祀他们的方法为：用羊和猪作为祭品，用白茅草铺成山神的座席。祭祀十位山神的仪式为：以雄鸡作为祭品，祈祷时不用精米，祭祀用的雄鸡必须是杂色的。

蛮蛮

有鸟焉，其状如凫（fú，野鸭）而一翼一目，相得乃飞，名曰蛮蛮，见则天下大水。

（崇吾）山中有一种鸟，形貌像野鸭，长着一只翅膀和一只眼睛，要两只相同的鸟合起来才能飞行，叫蛮蛮，这种鸟一旦出现，天下就会发生大水灾。

英招 *sháo*

又西三百二十里，曰槐江之山（槐江山）。丘时之水（丘时水）出焉，而北流注于泑（yōu）水。其中多蠃（luǒ，指螺蛳、蜗牛等）母，其上多青（石青）、雄黄，多藏琅玕（láng gān，美石）、黄金、玉，其阳多丹粟（sù，砂），其阴多采黄金、银。实惟帝之平圃（pǔ），神英招司之，其状马身而人面，虎文而鸟翼，徇（xún，巡行）于四海，其音如榴。

再往西三百二十里有座山，名叫槐江山。丘时水发源于这座山，向北注入泑水。水中有许多蠃母。山上有许多石青、雄黄，还有很多上乘的美石、黄金、玉；山的南面多丹砂，北面有很多带彩色纹理的金、银。槐江山是黄帝的居处，由天神英招负责管理，英招长着马身人面，身上有虎一样的斑纹，并长有鸟的翅膀，英招在四海巡行，发出的声音像是辘轳抽水的嘶鸣声。

毕方

小档案 >>>

◎毕方是一种独足怪鸟。

◎它的样子像鹤，一只脚，青色的羽毛上有红色的斑点。

◎它在哪里出现，哪里就会有大片的野火。

有鸟焉，其状如鹤，一足，赤文青质而白喙（huì，鸟兽的嘴），名曰毕方，其鸣自叫也，见则其邑（yì，古时县的别称）有讹火（讹，é，讹火：野火）。

（章莪）山中有一种鸟，它的形状像鹤，只有一只脚，青色的羽毛上有红色的斑纹，长着白色的嘴巴，这种鸟名叫毕方，它鸣叫起来就好像是在呼喊自己的名字，它在哪里出现，哪里就会有大片的野火。

帝江

小档案 >>>

◎帝江即混沌（hùn dùn）神。

◎红得像一团红火，有六只脚、四只翅膀，混沌一团分不清面目，会唱歌跳舞。

又西三百五十里，曰天山，多金、玉，有青、雄黄。英水出焉，而西南流注于汤（yáng）谷。有神焉，其状如黄囊，赤如丹火，六足四翼，浑敦无面目，是识歌舞，实为帝江也。

再往西三百五十里有座山，名叫天山，山上有很多金和玉，还有石青和雄黄。英水发源于天山，向西南流入汤谷。山中有一位神，他的形状像黄囊，红如火焰，长着六只脚、四只翅膀，混沌一团分不清面目，却会唱歌跳舞，他就是帝江。

陆吾神

小档案 >>>

◎陆吾是传说中的昆仑山神，昆仑是神山，是天帝出入的通道，是天帝在人间的都邑。

◎形貌像老虎，有九条尾巴、人一样的脸、虎一样的爪子。

西南四百里，曰昆仑之丘（昆仑山），是实惟帝（天帝）之下都，神陆吾司之。其神状虎身而九尾，人面而虎爪。是神也，司天之九部及帝之囿（yòu）时。

向西南四百里有座山，名叫昆仑山，这里实际上是天帝在下界的都城，由天神陆吾负责管理。陆吾的形貌像老虎，长着九条尾巴、人一样的脸、虎一样的爪子。陆吾还掌管着天上的九个部界和天帝苑圃里的时令节气。

长乘

小档案 >>>

◎长乘是传说中赢（luǒ）母山的山神。

◎形貌像人，长着犰一样的尾巴。

◎传说他是天上的九德之气所生。

西水行四百里，曰流沙，二百里至于羸母之山（羸母山），神长乘司之，是天之九德也。其神状如人而犳（zhuó，传说中的一种兽）尾。

向西走四百里水路，就到了流沙，再走二百里便到了羸母山，天神长乘掌管着这座山，长乘禀有天所具备的九种德行（《逸周书·文政》中说："九行：一仁，二行，三让，四信，五固，六治，七义，八意，九勇。"就是仁爱、施舍、谦让、诚实、坚实、安稳、合宜、智慧、勇敢）。这位天神形貌像人，长着犳一样的尾巴。

当扈 hù

小档案 >>>

◎当扈是传说中的一种鸟。

◎形状像野鸡，有着长长的胡子。

◎它不是用翅膀飞行，是借助自己长长的胡子飞行。

《西次四经》

其鸟多当扈，其状如雉（zhì，野鸡），以其髯（rán，两颊上的胡须）飞，食之不眴（xuàn，通"眩"，眼睛昏花）目。

（申）山里的鸟多为当扈，这种鸟的形状像野鸡，它借助自己长长的胡子飞翔，人们吃了它的肉，可以使眼睛不昏花。

神魖 chì

又西百二十里，曰刚山，多柒木（漆树），多瑶琈（tū fú，美玉名）之玉。刚水出焉，北流注于渭。是多神傀，其状人面兽身，一足一手，其音如钦（通"吟"，呻吟）。

再向西一百二十里有座山，名叫刚山，山中长有很多漆树，还有很多瑶琈玉。刚水发源于此山，向北流入渭水。山中有很多神傀，人面兽身，只有一只手、一只脚，叫声如人的呻吟声一般。

穷奇

小档案 >>>

◎穷奇是传说中的一种食人怪兽。

◎形状像牛，身上的毛和刺猬身上的刺一样。

◎也有说它像虎，有翼。

又西二百六十里，曰邽（guī）山，其上有兽焉，其状如牛，猬毛，名曰穷奇，音如嗥（háo，野兽吼叫）狗，是食人。

再往西二百六十里有座山，名叫邽山。山上有一种兽，形状像牛，身上的毛如刺猬身上的刺一般，它的名字叫穷奇，发出的声音如同狗吠声，能吃人。

孰
shú

湖

46

有兽焉，其状马身而鸟翼，人面蛇尾，是好举人，名曰孰湖。

（崦嵫）山里有一种兽，长着马一样的身子、鸟一样的翅膀、人一样的脸、蛇一样的尾巴，它喜欢把人举起来，这种兽的名字叫作孰湖。

䑍 huān
疏 shū

小档案 >>>

◎ 䑍疏是辟火奇兽。

◎ 形状像马，头顶上有一只角，和独角兽类似。

◎ 人们可以用它来避火。

又北二百里，曰带山，其上多玉，其下多青碧（青色的玉石）。有兽焉，其状如马，一角有错（磨刀石），其名曰臑疏，可以辟火。

再往北二百里有座山，名叫带山，山上有很多玉，山下有很多青色的玉石。山中有一种野兽，形状似马，长着一只角，角上有磨刀石般坚硬的角质层，这种兽的名字叫臑疏，人们可以用它来避火。

何罗鱼

小档案 >>>

◎何罗鱼是一种怪鱼。

◎它有一个鱼脑袋，十个身子。

◎据说吃了它的肉可以治疗痈（yōng）肿病。

又北四百里，曰谯（qiáo）明之山（谯明山）。谯水出焉，西流注于河（黄河）。其中多何罗之鱼（何罗鱼），一首而十身，其音如吠犬，食之已痈（一种毒疮）。

再往北四百里有座山，名叫谯明山。谯明水发源于谯明山，向西流入黄河。水中有很多何罗鱼，它们长着一个鱼头，十个身子，发出的声音像狗吠声，人们吃了何罗鱼的肉可以治疗痈肿病。

耳鼠

小档案 >>>

◎耳鼠是亦兽亦禽，可抵御百毒的奇兽。

◎形状像老鼠，有兔子一样的脑袋，麋（mí）鹿的身子，一条长尾巴。

◎人吃了它的肉，可以治疗肚子胀大的病。

有兽焉，其状如鼠，而菟（tù，通"兔"，兔子）首麋身，其音如嗥犬，以其尾飞，名曰耳鼠，食之不脿（cǎi，大腹，这里指肚子胀大的病），又可以御百毒。

（丹熏）山中有一种野兽，它的形状似老鼠，长着兔子一样的脑袋，麋鹿一样的身体，发出的声音与狗的吠声相似，凭借尾巴飞行，这种兽名叫耳鼠，人吃了它的肉，可以治疗肚子胀大的病，还可以抵御百毒侵害。

诸犍
jiān

小档案 >>>

◎诸犍是人面独目怪兽。

◎形状像豹子，人一样的脑袋，牛一样的耳朵，一只眼睛，还有一条长长的尾巴。

又北百八十里，曰单张之山（单张山），其上无草木。有兽焉，其状如豹而长尾，人首而牛耳，一目，名曰诸犍，善咤（zhà，发怒时大声叫喊），行则衔其尾，居则蟠（pán，环绕）其尾。

再往北一百八十里有座山，名叫单张山，山上不长草木。山中有一种野兽，身形似豹，长着长长的尾巴，人一样的脑袋，牛一样的耳朵，只有一只眼睛，名字叫作诸犍，它常常大声吼叫。它行走时用嘴衔着尾巴，睡觉时就将尾巴盘曲起来。

鯈鱼 tiáo

小档案 >>>

◎鯈鱼是传说中的一种奇鱼。

◎形状像鸡，长着红色的羽毛，三条尾巴，六只脚，四个脑袋。

◎据说人吃了它的肉就不再忧愁。

《北山一经》

　　彭水出焉，而西流注于芘（bǐ）湖之水，其中多儵鱼，其状如鸡而赤毛，三尾、六足、四首，其音如鹊，食之可以已忧。

　　彭水发源于这座（带）山，向西流入芘湖水，水中有很多儵鱼，它的形状像鸡，长着红色的羽毛，有三条尾巴，六只脚，四个脑袋，它的叫声像喜鹊，人吃了它的肉就不再忧愁。

狍 páo
鸮 xiāo

小档案 >>>

◎狍鸮，一种食人怪兽。

◎样子是羊身人面，眼睛长在腋窝下，有老虎一样的牙齿、人一样的指掌。

又北三百五十里，曰钩吾之山（钩吾山），其上多玉，其下多铜。有兽焉，其状如羊身人面，其目在腋（yè，指胳肢窝）下，虎齿人爪，其音如婴儿，名曰狍鸮，是食人。

再往北三百五十里有座山，名叫钩吾山，山上有很多美玉，山下有很多铜。山中有一种野兽，形状是羊身人面，眼睛长在胳肢窝下，有老虎一样的牙齿、人一样的指掌，发出的声音似婴儿的哭啼声，它的名字叫狍鸮，能吃人。

鹎
bān

鹛
mào

小档案 >>>

◎鹎鹛是传说中的一种人面鸟。

◎体形像乌鸦，长着一副人脸。

◎它白天休息而夜间飞翔，据说吃了它的肉能防止中暑。

有鸟焉，其状如乌（乌鸦），人面，名曰鹌鹛，宵飞而昼伏，食之已暍（yē，中暑）。

（北嚻山）有一种禽鸟，外形像乌鸦，长着一副人脸，名叫鹌鹛，它夜里飞行白天隐伏，吃了它的肉能防止中暑。

鶣 áo

小档案 >>>

◎鶣是传说中的一种非兽非鸟的独目奇鸟。

◎四只翅膀、一只眼睛、狗一样的尾巴，叫声像喜鹊。

◎据说人吃了它的肉可以治疗腹痛，还可以治疗腹泻。

有鸟焉，其状如夸父，四翼、一目、犬尾，名曰
嚣，其音如鹊，食之已腹痛，可以止衕（tòng，腹泻）。

（梁渠）山中有一种鸟，样子像夸父（上
古时期神话传说人物，形体巨大），长着四只翅
膀、一只眼睛、狗一样的尾巴，这种鸟名叫
嚣，它的叫声好似喜鹊的鸣叫，人们吃了它
的肉可以治好腹痛，还可以治好腹泻。

鵹
bēn

小档案 >>>

◎鵹是传说中的一种六足怪鸟。

◎形状像喜鹊，身上的羽毛是白色的，尾巴是红色的，六只脚。

◎胆小而灵敏，容易受惊吓，发出的叫声像是喊自己的名字。

有鸟焉，其状如鹊，白身、赤尾、六足，其名曰
𪄀，是善惊，其鸣自詨（xiào，大叫；呼唤）。

（太行）山中有一种鸟，它的形状像喜
鹊，身上有白色的羽毛，长着红色的尾巴，六
只脚，它的名字叫𪄀，这种鸟十分容易受惊，
发出的叫声像是在喊自己的名字。

酸与

小档案 >>>

◎酸与是传说中的一种非鸟非蛇的三足怪鸟。

◎形状像蛇，四只翅膀，六只眼睛，三只脚。

◎据说它一出现，就会有让人惊恐的事情发生。

又南三百里，曰景山，南望盐贩之泽（盐贩泽），北望少泽。其上多草、薯蓣（yù，山药），其草多秦椒（这里指辣椒）；其阴多赭（zhě，红土），其阳多玉。有鸟焉，其状如蛇而四翼、六目、三足，名曰酸与，其鸣自詨，见则其邑有恐。

再往南三百里有座山，名叫景山。（在景山）向南可以望见盐贩泽，向北可以看到少泽。山上生长着很多草和山药，所长的草多为辣椒；山的北面有很多红土，南面有很多玉。山里有一种鸟，形状与蛇相似，长有四只翅膀，六只眼睛，三只脚，名字叫酸与，它发出的叫声像是在喊自己名字，它在哪里出现，哪里就会有使人惊恐的事情发生。

驿 hún

北次三经之首，曰太行之山（太行山）。其首曰归山，其上有金玉，其下有碧。有兽焉，其状如羚羊而四角，马尾而有距（雄鸡爪后面突出像脚趾的部分），其名曰䮝，善还（xuán，旋转），其鸣自訆（jiào，同"叫"，大声叫唤）。

北次三经中的首列山系，名叫太行山。太行山中的第一座山名叫归山，山上有金和玉，山下有青绿色的玉石。山中有一种野兽，形状像羚羊，头上有四只角，长着马一样的尾巴、鸡一样的爪子，它的名字叫䮝，这种兽善于旋转起舞，发出的声音像是在自呼其名。

天马

小档案 >>>

◎天马是传说中一种会飞的神兽。

◎形状像狗，身上是白色的，脑袋是黑色的。

◎见到人就腾空而起，发出的声音像在叫自己的名字。

又东北二百里，曰马成之山（马成山），其上多文（花纹）石，其阴多金玉。有兽焉，其状如白犬而黑头，见人则飞，其名曰天马，其鸣自讪。

再往东北二百里有座山，名叫马成山，山上有很多带有花纹的石头，山的北面有很多金和玉。山中有一种野兽，它的形状像白色的狗，长着黑色的脑袋，见到人就腾空飞起，它的名字是天马，它的叫声像是在自呼其名。

㹦
dōng

dōng

小档案 >>>

◎㹦㹦是传说中的一种独角独目奇兽。

◎形状像羊、一只角、一只眼睛，眼睛在耳朵的后面。

◎它的叫声有如呼唤自己的名字。

又北三百里，曰泰戏之山（泰戏山），无草木，多金玉。有兽焉，其状如羊，一角一目，目在耳后，其名曰𣎴𣎴，其鸣自训。

再向北三百里有座山，名叫泰戏山，山中不长草木，有很多金和玉。山中有一种野兽，形状似羊，长着一只角、一只眼睛，眼睛长在耳朵后面，名叫𣎴𣎴，它发出的叫声像是在喊自己的名字。

蚩鼠

zī

小档案 >>>

◎蚩鼠是传说中的一种怪鸟。形状像鸡，有着老鼠毛一样的羽毛。

◎一说长着鼠尾。

◎它在哪个地方出现，哪个地方就会发生大旱灾。

有鸟焉，其状如鸡而鼠毛，其名曰蚔鼠，见则其邑大旱。

（枸状）山里有一种鸟，体形像鸡，长着老鼠毛一样的羽毛，名字叫蚔鼠，它在哪个地方出现，哪个地方就会发生大旱灾。

獙獙
bì
bì

小档案 >>>

◎獙獙是传说中的一种非兽非鸟的怪兽。

◎形状像狐狸，身上有一对翅膀，但是不能飞，叫声像大雁。

◎据说它一出现，天下就会发生大旱灾。

又南三百里，曰姑逢之山（姑逢山），无草木，多金玉。有兽焉，其状如狐而有翼，其音如鸿雁，其名曰獙獙，见则天下大旱。

再向南三百里有座山，名叫姑逢山，山中不长草木，有很多金和玉。山中有一种兽，它的形状像狐狸，身上生有翅膀，叫声似大雁的鸣叫声，这种兽名叫獙獙，只要它一出现，天下就会发生大旱灾。

蛮蛭

lóng

zhì

小档案 >>>

◎蛮蛭是传说中的一种非狐非虎的兽。

◎形状像狐狸，有九条尾巴，九个脑袋，老虎一样的爪子。

◎叫声像婴儿的啼哭声，会吃人。

又南五百里，曰凫丽之山（凫丽山），其上多金玉，其下多箴石。有兽焉，其状如狐而九尾、九首、虎爪，名曰蠪蛭，其音如婴儿，是食人。

再往南五百里有座山，名叫凫丽山，山上有很多金和玉，山下产箴石。山中有一种兽，体形与狐狸相似，生有九条尾巴，九个脑袋，长着老虎一样的爪子，这种兽名叫蠪蛭，它的叫声像婴儿的啼哭声，能吃人。

朱獳

rú

小档案 >>>

◎朱獳是传说中一种非狐非鱼的怪兽。

◎形状像狐狸，有鱼一样的鳍（qí）。

◎出现在哪个国家，哪个国家就会出现令人恐慌的事情。

又南三百里，曰耿山，无草木，多水碧（水晶），多大蛇。有兽焉，其状如狐而鱼翼，其名曰朱獳，其鸣自讥，见则其国有恐。

再向南三百里有座山，名叫耿山，山中不长草木，有许多水晶，还有很多大蛇。山中有一种兽，形状与狐狸相似，身上有鱼一样的鳍，这种兽名叫朱獳，发出的叫声像在自呼其名。它在哪个国家出现，哪个国家就会有令人恐慌的事情发生。

蜚

fěi

小档案 >>>

◎蜚是传说中的一种灾兽。

◎形状像牛，脑袋是白色的，蛇一样的尾巴，一只眼睛。

◎它在水中行走，河水就会干涸。它一出现，天下就会有大的瘟疫。

又东二百里，曰太山，上多金玉、桢木。有兽焉，其状如牛而白首，一目而蛇尾，其名曰蜚，行水则竭，行草则死，见则天下大疫。

再往东二百里有座山，名叫太山，山上有很多金和玉，还长有许多桢树。山中有一种兽，形状似牛，脑袋是白色的，长着一只眼睛，蛇一样的尾巴，它的名字叫作蜚，它在水中行走，河水就会干涸，它在草丛中行走，草就会枯死，只要它一出现，天下就会有大的瘟疫。

飞鱼

小档案 >>>

◎飞鱼是传说中的一种鱼。

◎形状和鲫鱼类似。

◎据说人吃了它的肉，可以治疗痔疮和腹泻。

又北三十里，曰牛首之山（牛首山）。有草焉，名曰鬼草，其叶如葵而赤茎，其秀如禾（古代指粟），服之不忧。劳水出焉，而西流注于滽（yù）水。是多飞鱼，其状如鲋鱼（鲋，fù，鲫鱼），食之已痔衕。

再往北三十里有座山，名叫牛首山。山中生长着一种草，名叫鬼草，叶子与葵叶相似，茎是红色的，像粟一样抽穗开花，吃了它能使人不忧愁。劳水发源于此，向西流入滽水。水中有许多飞鱼，形状与鲫鱼相似，食用这种鱼可以治疗痔疮和腹泻。

朏 fěi
朏 fěi

又北四十里，曰霍山，其木多穀（gǔ, 构树）。有兽焉，其状如狸（山猫）而白尾有鬣（liè, 兽类颈上的长毛），名曰朏朏，养之可以已忧。

再往北四十里有座山，名叫霍山。山中的树木多为构树。山中有一种兽，它的形状似山猫，长着白色尾巴，颈部长有长毛，这种兽名叫朏朏。人们饲养它可以忘记忧愁。

鸣蛇

小档案 >>>

◎鸣蛇是传说中的一种灾蛇。

◎形状像蛇，有四只翅膀。

◎它出现在哪里，哪个地方就会出现旱灾。

又西三百里，曰鲜山，多金玉，无草木。鲜水出焉，而北流注于伊水。其中多鸣蛇，其状如蛇而四翼，其音如磬，见则其邑大旱。

再往西三百里有座山，名叫鲜山。山上有很多金和玉，不长草木。鲜水发源于此山，向北流入伊河。水中有许多鸣蛇，它的形状似蛇，但长着四只翅膀，发出的声音与敲磬时发出的声音相似。它出现在哪个地方，哪个地方就会发生旱灾。

化蛇

小档案 >>>

◎化蛇是传说中集人、豺、鸟、蛇为一体的一种怪兽。

◎人一样的脸，豺一样的身子，鸟一样的翅膀，像蛇一般爬行。

◎它出现在哪个地方，哪个地方就会发生大水灾。

又西三百里，曰阳山，多石，无草木。阳水出焉，而北流注于伊水。其中多化蛇，其状如人面而豺身，鸟翼而蛇行，其音如叱呼，见则其邑大水。

再往西三百里有座山，名叫阳山，山中有许多石头，不长草木。阳水发源于此山，向北流入伊河。水中有许多化蛇，长着人一样的脸，豺一样的身子，鸟一样的翅膀，像蛇一般爬行游动，发出的声音像人在大声呵斥，它出现在哪个地方，哪个地方就会发生大水灾。

骄虫

小档案 >>>

◎骄虫是平逢山的山神，也是螫（shì）虫之神。

◎形状与人相似，长着两个脑袋。

◎他是所有螫虫的首领，平逢山就成了蜜蜂聚集做巢的地方。

有神焉，其状如人而二首，名曰骄虫，是为螫（shì）虫，实惟蜂、蜜之庐。其祠之：用一雄鸡，禳（ráng，祈祷以消除灾殃）而勿杀。

（平逢）山中住着一位神，其形状与人相似，长着两个脑袋，名叫骄虫，是螫虫（尾部有毒针可刺人的虫）的首领，这座山也是各种蜂包括蜜蜂的巢穴所在。祭祀这位神的方法为：用一只雄鸡作为祭品，祈祷时不要把它杀死。

修辟鱼

pì

小档案 >>>

◎修辟鱼是传说中的一种奇鱼。

◎形状像蛙，长着白色的嘴，叫起来像鹨（yào）鹰。

◎据说人吃了它的肉，可以治疗白癣（xuǎn）。

又西五十里，曰橐（tuó）山，其木多樗（chū，臭椿树），多㮹（bèi，木名）木，其阳多金玉，其阴多铁，多萧（艾蒿）。橐水出焉，而北流注于河，其中多修辟之鱼，状如黾（měng，蛙的一种）而白喙，其音如鸱（chī，鹞鹰），食之已白癣。

再向西五十里有座山，名叫橐山，山中树木多为臭椿树和㮹树，山的南面有很多金和玉，北面有很多铁，还长着很多艾蒿。橐水发源于这座山，向北流入黄河。水中有许多修辟鱼，这种鱼形状像蛙，长着白色的嘴，发出的叫声像鹞鹰的鸣叫之声，吃了它的肉可以治疗白癣。

人面三首神

苦山、少室、太室皆冢也。其祠之：太牢之具，婴以吉玉（彩色的玉）。其神状皆人面而三首，其余属皆豕（shǐ，猪）身人面也。

苦山、少室山、太室山均是众山的宗主。祭祀这三座山山神的仪式为：用牛、羊、猪三牲齐备的太牢之礼，以彩色的玉作为悬挂在山神颈部的饰物。这三位山神都长着人一样的脸，有三个脑袋，其余山神皆是猪身人面。

计蒙

小档案 >>>

◎计蒙是山神，也是风雨之神。

◎有人的身子、龙的头，与后世传说的龙王很像。

◎经常出现在有水之处，出入时会伴有狂风暴雨。

又东百三十里，曰光山，其上多碧，其下多水。神计蒙处之，其状人身而龙首，恒游于漳（zhāng，漳水）渊，出入必有飘风（旋风，暴风）暴雨。

再向东一百三十里有座山，名叫光山，山上有很多青绿色的玉石，山下有许多水流。有位名叫计蒙的神就居住在这里，他的形状为人身龙首，经常在漳水的深潭中巡游，出入时一定会伴有旋风和暴雨。

涉蟲

shè

tuó

小档案 >>>

◎岐（qí）山的山神。

◎人的身子，脸部为方形，有三条腿、三只脚。

又东百五十里，曰岐山，其阳多赤金，其阴多白珉（mín，一种像玉的美石），其上多金、玉，其下多青䝉（huò，青色的可做颜料的矿物），其木多樗。神涉蟲处之，其状人身而方面，三足。

再向东一百五十里有座山，名叫岐山。山的南面有很多赤金，北面有许多似玉的白色美石，山上有许多金和玉，山下有许多可做颜料的矿物，山中生长的树木多为臭椿树。有个名叫涉蟲的神住在这座山上，这位神长着人的身子，脸部为方形，有三只脚。

鸟身人面神

小档案 >>>

◎从景山到琴鼓山共二十三座山的山神都是鸟身人面神。

◎它有鸟的身子和一张人脸。

凡荆山之首，自景山至琴鼓之山（琴鼓山），凡二十三山，二千八百九十里。其神状皆鸟身而人面。其祠：用一雄鸡祈瘗，用一藻圭（有彩纹的圭玉），糈用稌。骄山，冢也。其祠：用羞酒少牢祈瘗，婴（颈上的饰物）毛（应作"用"）一璧（平圆形中间有孔的玉）。

总计荆山山系中的山，自首座山景山起到琴鼓山止，共有二十三座山，距离为二千八百九十里。这些山的山神的形状皆是鸟身人面。祭祀山神的仪式为：以一只雄鸡作为祭品，祈祷完毕后埋入地下，祭祀的玉用一块带彩色花纹的圭，祭神时的精米要用糯米。骄山，是众山的宗主。祭祀该山神的仪式为：以酒、猪、羊为祭品，祈祷后埋入地下，以一块璧作为饰物悬挂在山神的颈部。

闻獜 lín

小档案 >>>

◎闻獜是传说中的一种兽。

◎形状像猪，身体是黄色的，有白色的脑袋和白色的尾巴。

◎它一出现，就会刮起大风。

又东三百五十里，曰凡山，其木多楢（yóu，木名）、檀（tán，檀树）、杻（niǔ，檍树），其草多香（指香草）。有兽焉，其状如彘（zhì，猪），黄身、白头、白尾，名曰闻獜，见则天下大风。

再往东三百五十里有座山，名叫凡山，山中的树多是楢树、檀树和檍树，草类多是香草。山中有一种野兽，形状与猪相似，长着黄色的身子、白色的脑袋、白色的尾巴，这种兽名叫闻獜。只要它一出现，天下就会刮起大风。

于儿神

小档案 >>>

◎于儿神是传说中夫夫山的山神。

◎样子是人的模样，身上缠着两条蛇。

◎出没时身上会环绕着闪耀的光亮。

又东一百五十里，曰夫夫之山（夫夫山），其上多黄金，其下多青、雄黄，其木多桑、楮（chǔ，构树），其草多竹（这里指篇竹）、鸡鼓（同"鸡穀"，草名）。神于儿居之，其状人身而身（应作"手"）操两蛇，常游于江渊，出入有光。

再向东一百五十里有座山，名叫夫夫山，山上有许多黄金，山下有许多石青、雄黄，山中生长的树木多是桑树、构树，草类多是篇（biān）竹、鸡鼓。名叫于儿的神就居住在这里，这位神长着人一样的身子，手里握着两条蛇，常常在长江的深潭里巡游，出入时身上发出闪闪的光亮。

鸟身龙首神

小档案 >>>

◎从篇遇山到荣余山共十五座山的山神都是鸟身龙首神。

◎鸟的身子和龙的头。

108

凡洞庭山之首，自篇遇之山（篇遇山）至于荣余之山（荣余山），凡十五山，二千八百里。其神状皆鸟身而龙首。其祠：毛用一雄鸡、一牝（pìn，母）豚（tún，小猪，也泛指猪）劀（jī，祭祀中刺伤牲畜以使出血），糈用稌。凡夫夫之山、即公之山（即公山）、尧山、阳帝之山（阳帝山），皆冢也，其祠：皆肆瘗，祈用酒，毛用少牢，婴用一吉玉。

总计洞庭山山系中的山，自第一座山篇遇山起到荣余山止，共有十五座山，距离为二千八百里。这些山山神的形状皆是鸟身龙首。祭祀这些山神的仪式为：毛物用一只雄鸡、一头母猪，取它们的血来祭祀，祭祀用的精米为糯米。夫夫山、即公山、尧山、阳帝山，这几座山是众山的宗主，祭祀这几个山神的仪式为：先陈列祭品，而后埋入地下，祈祷时向山神敬酒，用猪、羊二牲齐备的少牢之礼，以一块彩色的玉作为悬挂在山神颈部的饰物。

讙^{huān}头国

小档案 >>>

◎海外传说中的三十六国之一，国人长着人一样的脸，身上有翅膀，嘴像鸟嘴，在陆地上可以直立行走。

讙头国在其（指毕方鸟栖息之地）南，其为人人面有翼，鸟喙，方捕鱼。一曰在毕方东。或曰讙朱国。（此二句当是后人注解，不是经文）

讙头国（传说中的国名，因其国中之人长着鹳一样的头而得名。讙即"鹳"，一种形状像鹤的鸟）在毕方鸟栖息地的南面，国中之人长着人一样的脸，身上有翅膀，长着鸟一样的嘴，正在河里捕鱼。一说讙头国在毕方鸟栖息之地的东面。还有人说讙头国就是讙朱国。

贯匈国

小档案 >>>

◎海外传说中的三十六国之一，贯匈国即贯胸国，因其国中之人胸部有洞而得名。匈，同"胸"。

◎国民原是山神防风氏的后裔。

贯匈国在其（指载国）东，其为人匈有窍（空洞）。一曰在载（zhí）国东。（此句当是后人注解，不是经文）

贯匈国在载国的东边，国中之人胸部都有一个洞。一说贯匈国在载国的东面。

长臂国

小档案 >>>

◎海外传说中的三十六国之一，国民都是长臂，臂长于身。

◎长臂人善于捕鱼，捕鱼不用弯腰，因此可以在海中捕鱼。

长臂国在其（指周饶国）东，捕鱼水中，两手各操一鱼。一曰在焦侥（yáo）东，捕鱼海中。（此句当是后人注解，不是经文）

长臂国在周饶国的东边，国中之人在水中捕鱼，左右两手能够各抓着一条鱼。一说长臂国在焦侥国的东面，国民擅长在海中捕鱼。

羽民国

小档案 >>>

◎羽民国是传说中的海外三十六国之一，在比翼鸟栖息地的东南方。

◎全身都长满了羽毛。

羽民国在其（指比翼鸟栖息地）东南，其为人长头，身生羽。一曰在比翼鸟东南，其为人长颊。（此句当是后人注解，不是经文）

羽民国位于比翼鸟栖息地的东南面，这个国家的人都长着长长的脑袋，全身长满羽毛。一说此国在比翼鸟栖息地的东南面，国中之人都长着长长的脸颊。

一臂国

小档案 >>>

◎海外传说中的三十六国之一，国民叫一臂民，又称比肩民。

◎国人只有一条胳膊、一只眼睛、一个鼻孔。

一臂国在其（指三身国）北，一臂、一目、一鼻孔。有黄马，虎文，一目而一手（这里指马的腿蹄）。

一臂国在三身国的北面，国人都长着一条胳膊、一只眼睛、一个鼻孔。那里有一种黄色的马，身上长着老虎一样的斑纹，只有一只眼睛、一只腿蹄。

刑天

小档案 >>>

◎中国古代神话传说中的人物。

◎传说刑天原是炎帝的属臣，在一次与黄帝的争夺战中，被黄帝砍了脑袋，但刑天并没有死，他以两乳为目，以肚脐为口，一手拿盾，一手舞斧，继续战斗。

形天（刑天）与帝（黄帝）至此争神，帝断其首，葬之常羊之山（常羊山）。乃以乳为目，以脐为口，操干（盾牌）戚（大斧）以舞。

刑天与黄帝争权，黄帝斩掉刑天的脑袋，并把它埋到常羊山。于是刑天以双乳做眼睛，以肚脐做嘴，挥舞手中的盾牌和大斧继续作战。

乘黄

小档案 >>>

◎乘黄是传说中的一种祥瑞之兽。

◎形状像狐狸，背上长着两只角。

◎据说人骑在它的身上，能活到两千岁。

白民之国（白民国）在龙鱼（指龙鱼所居的山陵）北，白身被（同"披"，披散）发。有乘黄，其状如狐，其背上有角，乘之寿二千岁。

白民国在龙鱼栖息之地的北边，其国人浑身雪白，披散着头发。有一种名叫乘黄的兽，它的形状与狐相似，背上长着角，人若骑在它的身上，能活到两千岁。

奇肱国

jī

gōng

小档案 >>>

◎奇肱国是传说中的海外三十六国之一。

◎国人有一条胳膊、三只眼睛。

奇肱之国在其（指一臂国）北。其人一臂三目，有阴有阳（一身兼有阴阳两性），乘文马。有鸟焉，两头，赤黄色，在其旁。

奇肱国在一臂国的北面。国人长着一条胳膊、三只眼睛，一身兼有阴阳两性，乘坐的是带有斑纹的马。那里有一种鸟，长着两个脑袋，呈赤黄色，伴随在他们旁边。

一目国

126

一目国在其（指钟山）东，一目中其面而居。一曰有手足。（此句当是后人注解，不是经文）

一目国在钟山的东面，那里的人只有一只眼睛，眼睛长在脸的正中间。一说该国之人有手有脚。

禺强 yú

小档案 >>>

◎禺强又称禺京，北海海神。

◎长着人的面孔和鸟的身体，耳朵上穿挂着两条青蛇，脚底下还踩着两条青蛇。

北方禺（yú）强，人面鸟身，珥（ěr，用作动词，这里指用两条青蛇作耳饰）两青蛇，践两青蛇。

北方有个名叫禺强的神，他长着人的面孔，鸟的身子，用两条青蛇做耳饰，脚底下还踩着两条青蛇。

柔利国

小档案 >>>

◎柔利国是传说中的海外三十六国之一。

◎只有一只手、一只脚，膝盖是反的，脚弯曲，脚心朝上。

柔利国在一目（指一目国）东，为人一手一足，反膝（膝盖反着长），曲足居上（脚弯曲，脚心朝上）。一云留利之国，人足反折。（此句当是后人注解，不是经文）

柔利国位于一目国的东面，该国之人长有一只手、一只脚，膝盖反着长，脚弯曲朝向上方。一说此国名叫留利国，国中之人的脚向反方向弯折。

天吴

小档案 >>>

◎天吴是生活在朝阳谷的水神。

◎形状与野兽相似，长着八个脑袋，脸与人脸相似，有八条腿、八条尾巴，全身皆呈青黄色。

朝阳之谷（朝阳谷），神曰天吴，是为水伯（水神）。在虹虹北两水间。其为兽也，八首人面，八足八尾，皆青黄。

朝阳谷居住着一位水神，名叫天吴。他住在虹虹北边的两条水流中间。这位神仙形状与野兽相似，长着八个脑袋，脸与人的脸相似，有八条腿、八条尾巴，全身皆呈青黄色。

雨师妾

雨师妾在其（指汤谷）北，其为人黑，两手各操一蛇，左耳有青蛇，右耳有赤蛇。一曰在十日北，为人黑身人面，各操一龟。（此句当是后人注解，不是经文）

雨师妾国在汤谷的北边，该国的人全身皮肤呈黑色，左右两手各握着一条蛇，两只耳朵上也各有一条蛇，左边耳朵上是一条青蛇，右边耳朵上是一条红蛇。还有一说雨师妾国在十个太阳栖息地的北边，国中之人长着黑色的身子、人一样的脸，两手各握着一只龟。

句芒

gōu

东方句芒，鸟身人面，乘两龙。

东方有位名叫句芒的神，长着鸟身人面，驾驭着两条龙。

氐人国

dī

◎有鱼的身体和人的脸，胸部以上是人，胸部以下是鱼，没有脚。

氐人国在建木（这里指建木生长的地方）西，其
为人人面而鱼身，无足。

氐人国在建木生长之地的西边，该国的
人长着人面鱼身，没有脚。

开明兽

小档案 >>>

◎开明兽是神话中把守帝都开明门的天兽，是昆仑山的山神。

◎样子跟老虎一般庞大，长着九个脑袋，人一样的脸。

昆仑南渊深三百仞。开明兽身大类虎而九首，皆人面，东向立昆仑上。

昆仑山南面的渊潭，深达三百仞。开明兽身形跟老虎一般庞大，长着九个脑袋，人一样的脸，面向东站立在昆仑山上。

环狗

小档案 >>>

◎环狗是传说中的一种狗头人。

◎长着野兽一样的头，人一样的身子。

环狗，其为人兽首人身。<u>一曰猬状如狗，黄色。</u>（此句当是后人注解，不是经文）

环狗，长着野兽一样的头，人一样的身子。一说环狗形状像刺猬，又像狗，全身皆为黄色。

雷神

小档案 >>>

◎龙一样的身子，人一样的脑袋。

◎时常鼓动自己的肚子，从而发出雷声。

雷泽（古泽名）中有雷神，龙身而人头，鼓其腹。在吴西。

雷泽中住着一位雷神（掌管雷的神），这位雷神长着龙一样的身子，人一样的脑袋，时常鼓动自己的肚子，从而发出打雷声。雷泽位于吴地的西边。

犁魖之尸

líng

小档案 >>>

◎犁魖之尸是传说中的一种神的名字。

◎长着人一样的脸，兽一样的身子。

有神，人面兽身，名曰犁𩑔之尸。

有一位神，他长着人一样的脸，兽一样的身子，名叫犁𩑔之尸。

应龙

小档案 >>>

◎应龙是黄帝的神龙，治水之水卫。

◎应龙比普通的龙多了一对翅膀。

◎擅长行雨蓄水。听从黄帝安排，杀了蚩尤和夸父，但是却"神力用尽，上不了天"〔袁珂（kē）语〕。

大荒（最荒远的地方）东北隅（yú，角落）中，有山名曰凶犁土丘。应龙处南极，杀蚩（chī）尤与夸父，不得复上（指上天），故下（下界）数旱。旱而为应龙之状，乃得大雨。

最荒远之地的东北角中有一座山，名叫凶犁土丘。应龙住在这座山的最南面，由于他杀了蚩尤和夸父，再也不能回到天界，所以下界多次发生旱灾。每当下界大旱时，人们便模仿应龙的样子求雨，天上就会降雨。

禺䝞

东海之渚（zhǔ，水中的小块陆地）中有神，人面鸟身，珥两黄蛇，践两黄蛇，名曰禺虢。黄帝生禺虢，禺虢生禺京。禺京处北海，禺虢处东海，是惟海神。

东海的小岛上有位神，长着人面鸟身，用两条黄蛇作为耳饰，脚下还踩着两条黄蛇，这位神名叫禺虢。黄帝生了禺虢，禺虢生了禺京（也称禺强）。禺京住在北海，禺虢住在东海，他们都是海神。

夔 kuí

小档案 >>>

◎夔是传说中的一足奇兽。

◎样子像牛，身体是苍色的，只有一条腿，头上没有角。

◎身上闪耀着光芒，像日月一般明亮，发出的声音像雷声一样。

东海中有流波山，入海七千里。其上有兽，状如牛，苍身而无角，一足，出入水则必风雨，其光如日月，其声如雷，其名曰夔。黄帝得之，以其皮为鼓，橛（jué，敲）以雷兽之骨，声闻五百里，以威天下。

东海中有一座山，名叫流波山，这座山距离海岸有七千里远。山上有一种兽，它的形状与牛相似，苍色的身子，头上没有角，只有一条腿，它出入水中时，一定会有风雨相伴，这种兽发出的光像日月一般明亮，它发出的声音像是打雷声，它的名字叫夔。黄帝得到它之后，用它的皮做鼓面，用雷神身上的骨头来敲打这面鼓，鼓声能传到五百里之外，黄帝以此来震慑天下。

跊踢

chù

南海之外，赤水之西，流沙之东，有兽，左右有首，名曰跊踢。

在南海之外，赤水的西边，流沙的东边，有一种兽，这种兽左右两边各长一个脑袋，它名叫跊踢。

盈民国

有盈民之国（盈民国），於（yú）姓，黍（shǔ，黄米）食。又有人方食木叶。

有一个盈民国，国人皆姓於，以黄米为食。也有人吃树叶。

不廷胡余

◎不廷胡余是南海渚中的海神。

◎它长着人一样的脸，以两条青蛇作为耳饰，脚下踩着两条赤蛇。

158

南海渚中，有神，人面，珥两青蛇，践两赤蛇，曰不廷胡余。

在南海的岛上有一位神，长着人一样的脸，以两条青蛇作为耳饰，脚下踩着两条赤蛇，这位神名叫不廷胡余。

不周山两黄兽

小档案 >>>

◎传说中的两只兽。

◎浑身黄色。

◎守护不周山。

西北海之外，大荒之隅，有山而不合，名曰不周（不周山），有两黄兽守之。有水曰寒暑之水。水西有湿山，水东有幕山。有禹攻共工国山（指禹杀共工之臣相柳的地方）。

在西北海之外，最荒远之地的角落，有一座没有合拢的山，名叫不周山，有两头黄色的兽守卫着这座山。山中有一条水，名叫寒暑水。寒暑水的西面有座湿山，东面有座幕山。此外，还有一座大禹攻打共工国时的山。

嘘

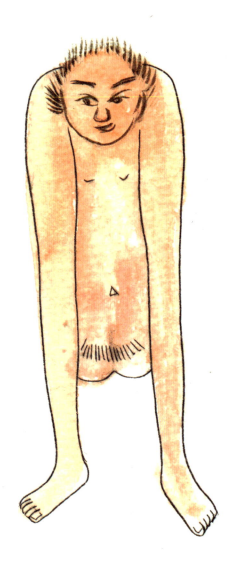

大荒之中，有山名日月山，天枢（天的枢纽）也。吴姖（jù）天门，日月所入。有神，人面无臂，两足反属于头山（山：应作"上"），名曰嘘。

在最荒远之地有一座山，名叫日月山，这里是天的枢纽。吴姖天门，是太阳和月亮降落后进入的地方。有一位神，他长着人一样的脸，没有手臂，两只脚反转着生在头上，名叫嘘。

屏蓬

小档案 >>>

◎屏蓬是传说中的一种兽。

◎身体的左右两侧各长着一个脑袋。

有兽，左右有首，名曰屏蓬。

有一种兽，身体的左右两侧各长着一个脑袋，名叫屏蓬。

九凤

◎九凤是传说中的一种人面鸟。

◎有九个脑袋，人一样的脸，鸟一样的身子。

大荒之中，有山名曰北极天柜，海水北注焉。有神，九首人面鸟身，名曰九凤。

在最荒远之地有座山，名叫北极天柜，海水从它的北面注入山中。山里有一位神，他长着九个脑袋，人一样的脸，鸟一样的身子，这位神名叫九凤。

强良

小档案 >>>

◎强良是传说中北极天柜山的山神。

◎虎首人身，有四只蹄子，嘴里衔（xián）着一条蛇，手里各抓着一条蛇。

又有神，衔蛇操蛇，其状虎首人身，四蹄长肘，名曰强良。

还有一位神，他嘴中衔着一条蛇，手里还握着蛇，他长着虎首人身，有四只蹄子，肘臂很长，这位神名叫强良。

戎宣王尸

◎身上是红色的，形状与马相似，但没有脑袋。

◎郭璞认为戎宣王尸是"犬戎之神明也"。

大荒之中，有山名曰融父山，顺水入焉。有人名曰犬戎。黄帝生苗龙，苗龙生融吾，融吾生弄明，弄明生白犬，白犬有牝牡（pìn mǔ，牝：雌；牡：雄），是为犬戎，肉食。有赤兽，马状，无首，名曰戎宣王尸。

在最荒远之地有一座山，名叫融父山，这里是顺水流入的地方。有人名叫犬戎。黄帝生了苗龙，苗龙生了融吾，融吾生了弄明，弄明生了白犬，白犬雌雄同体，生下了犬戎族人，他们以肉为食。有一种红色的兽，它的形状与马相似，但没有脑袋，名叫戎宣王尸。

相繇

yáo

小档案 >>>

◎相繇又称相柳，上古时代中国神话传说中的山神。

◎身子像蛇，有九个脑袋，从九个地方取食。

◎吐出来的东西或者到过的地方都会变成沼泽。

共工之臣名曰相繇，九首蛇身，自环（身子盘绕在一起），食于九土。其所欬（wū，呕吐）所尼，即为源泽（这里指沼泽），不辛乃苦，百兽莫能处。禹湮洪水，杀相繇，其血腥臭，不可生谷，其地多水，不可居也。

水神共工有个名叫相繇的臣子，这个相繇长着九个脑袋，蛇一样的身子，身体盘成一团，九个头分别从九个地方取食。他呕吐出来的东西或他所到之处，都会立即变为沼泽，沼泽中水的味道不是辛辣就是苦涩，各种野兽都无法在这里居住。禹治理洪水的时候，杀死了相繇，它流出的血又腥又臭，流经之处不能生长谷物，而且洪灾严重，人们无法在此居住。

鸟氏

小档案 >>>

◎人的身体，长着像鸟一样的头。

有**盐长之国**（盐长国）。有人焉，鸟首，名曰鸟氏。

有个盐长国。有一种人，长着鸟一样的头，名叫鸟氏。

黑人

又有黑人，虎首鸟足，两手持蛇，方啖（dàn，吃）之。

还有一种浑身皆呈黑色的人，长着虎一样的脑袋，鸟一样的脚，两手拿着蛇，正在那里吃蛇。

延维

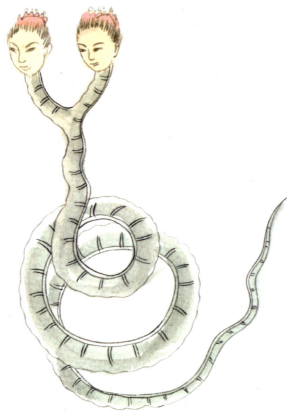

◎延维是传说中的人面双首蛇身神。

◎长着人一样的头，左右各一个，蛇一样的身子，身长如车辕。

◎闻一多《伏羲考》中说延维是南方苗族的祖神。

有人曰苗民。有神焉，人首蛇身，长如辕（车辕，车前驾畜生的部分），左右有首，衣紫衣，冠旃（zhān，同"毡"）冠，名曰延维，人主得而飨（xiǎng，祭祀）食之，伯（通"霸"）天下。

有一种人称作苗民。这地方有一位神，长着人一样的头，蛇一样的身子，身长如车辕，左右两边各长着一个脑袋，穿紫色的衣服，头戴红色的帽子，名叫延维，哪个国君若是能得到他并祭祀他，就能称霸天下。

179

韩流

小档案 >>>

◎韩流是一个人兽合体的怪神。

◎相传是黄帝的孙子，号高阳氏。

◎他有人的脸、猪的嘴、麒麟的身子、罗圈腿、猪蹄子，脑袋细长，耳朵很小。

流沙之东，黑水之西，有朝云之国（朝云国）、司彘之国（司彘国）。黄帝妻雷祖，生昌意。昌意降（流放）处若水，生韩流。韩流擢首、谨（这里是细小的意思）耳、人面、豕喙、麟身、渠股（罗圈腿）、豚止（足），取淖子（淖，zhuō，蜀山氏之女）曰阿女，生帝颛顼（zhuān xū，上古部落联盟首领）。

在流沙的东面，黑水的西岸，有朝云国和司彘国。黄帝之妻雷祖生下了昌意。后来昌意被流放到若水，在那里生下了韩流。韩流长着细长的脑袋、小小的耳朵，有人一样的脸、猪一样的嘴、麒麟一样的身子、罗圈腿、猪一样的蹄子，他娶了一位蜀山氏的女儿名叫阿女，这位女子生下了帝颛顼。

图书在版编目 (CIP) 数据

给孩子的山海经 / 轩辕清风编著 . -- 北京 : 中国
民族文化出版社有限公司 , 2022.8（2023.11 重印）
ISBN 978-7-5122-1600-6

Ⅰ . ①给… Ⅱ . ①轩… Ⅲ . ①《山海经》—少儿读物
Ⅳ . ① K928.631-49

中国版本图书馆 CIP 数据核字（2022）第 124114 号

给孩子的山海经
Gei Haizi De Shanhaijing

编　　著：轩辕清风
责任编辑：郝旭辉
封面设计：冬　凡
责任校对：李文学
出 版 者：中国民族文化出版社　地址：北京市东城区和平里北街 14 号
　　　　　邮编：100013　联系电话：010-84250639 64211754（传真）
印　　刷：三河市万龙印装有限公司
开　　本：880mm×1230mm　1/32
印　　张：6
字　　数：75 千
版　　次：2023 年 11 月第 1 版第 3 次印刷
书　　号：ISBN 978-7-5122-1600-6
定　　价：42.00 元